The Old Man
and
the Sea

노인과 바다

두근두근 확장 영어 02

The Old Man and the Sea 노인과 바다
© 선진호 2020

초판 1쇄 인쇄 2020년 10월 28일
초판 1쇄 발행 2020년 11월 4일

원작 어니스트 헤밍웨이 | **편저** 선진호
펴낸이 박지혜

기획·편집 박지혜 | **마케팅** 윤해승 최향모
디자인 this-cover | **일러스트레이션** @illdohhoon
제작 더블비

펴낸곳 (주)멀리깊이
출판등록 2020년 6월 1일 제406-2020-000057호
주소 10881 경기도 파주시 광인사길 127 2층
전자우편 murly@munhak.com
편집 070-4234-3241 | **마케팅** 02-2039-9463 | **팩스** 02-2039-9460
인스타그램 @murly_books
페이스북 @murlybooks

ISBN 979-11-971396-2-8 14740
     979-11-971396-0-4 (세트)

두근두근
확장 영어 02

노인과 바다

책장만 넘기면 문장이 완성되는 완벽한 어순 학습법

The
Old
Man
and
the
Sea

원작 어니스트 헤밍웨이 **편저** 선진호

멀린키즈

"난 영어를 못해."

아마도 대한민국의 많은 영어 학습자들이 이런 생각을 하겠지만 의외로 여러분은 많은 양의 영단어를 알고 있습니다. 책상, 자동차, 나무, 하늘 등 눈앞에 보이는 대부분의 영어 이름을 알고 있을 정도니까요. 그럼에도 불구하고 영어가 어려운 이유는 뭘까요? 아마도 어순 때문이겠지요.

영어의 어순은 한국어와 정반대입니다. 이미 우리 머릿속에서 공고하게 완성된 어순 체계를 모두 해체해서 내뱉으려니 머릿속은 뒤죽박죽이 되어버리지요. 그러니 차근차근 영어 어순을 학습하는 과정이 반드시 필요합니다. 차근차근 한 단어씩 순서대로 늘려 나갈 수만 있다면 긴 문장을 말하는 일도 어려운 일이 아니게 됩니다.

두근두근 확장 영어 시리즈는 바로 이 어순을 완벽하게 학습할 수 있도록 구성했습니다. 책장을 넘기다 보면 어느새 긴 문장이 완성되어 있게끔요. 더욱 즐겁게 학습하실 수 있도록 한국인이 사랑하는 명작을 확장형 어순 프로그램에 맞춰 구성했습니다. 아마도 이 책을 모두 학습하고 나면, 원서 한 권을 읽은 듯한 감동과 뿌듯함을 느끼실 수 있을 거예요.

모든 확장형 문장이 듣고 빈칸을 채우는 딕테이션(dictation)으로 구성되었다는 것도 큰 장점입니다. 딕테이션만큼 몰입해서 학습하기에 좋은 방법이 없지요. 패턴이 길어지는 과정을 반복적으로 듣고 적는 훈련을 통해 자연스럽게 어순을 익힐 수 있을 겁니다.

여러분이 원서 속의 주인공들을 만날 생각을 하니 무척이나 설렙니다. 이 책이 여러분의 사랑을 듬뿍 받을 수 있도록 손을 모아봅니다.

2020년 선진호

Step 1 책장만 넘기세요.
문장이 저절로 길어집니다!

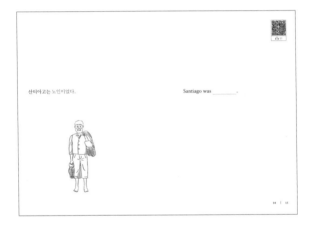

❶ 모든 문장은 영어에서 가장 많이 쓰는 기본 패턴으로 구성했습니다. 책장
을 넘길 때마다 영어의 어순대로 문장이 늘어나기 때문에, 우리말과 다른
영어 어순을 자연스럽게 익힐 수 있습니다.

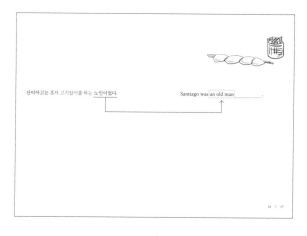

산티아고는 혼자 고기잡이를 하는 노인이었다.

Santiago was an old man   .

❷ 책장을 넘기면 앞 페이지에 있던 빈칸 문장이 자연스럽게 완성됩니다. 모르는 표현이 나와도 당황하지 마세요. 책장을 넘기면, 정답이 보입니다!

QR코드를 재생하세요.
저절로 문장이 완성됩니다!

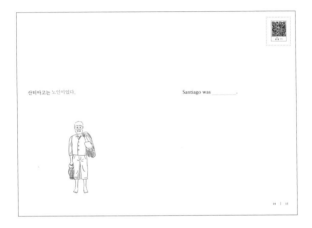

산티아고는 노인이었다.

Santiago was _____.

* 확장형 문장이 시작하는 모든 페이지에는 듣기용 QR코드가 있습니다. 자연스럽게 빈칸을 채우는 딕테이션(dictation: 들리는 대로 받아쓰기) 학습을 할 수 있어, 최상의 집중력으로 단기간에 어학 실력을 끌어올릴 수 있습니다.
* 스마트폰 카메라로 QR코드를 찍으시면 듣기 파일이 재생됩니다.
* https://cafe.naver.com/murlybooks 에 들어오시면 mp3 파일을 다운로드 받으실 수 있습니다.

Step 3 줄거리 문장을 읽으세요.
자연스럽게 원서 전체를 읽게 됩니다.

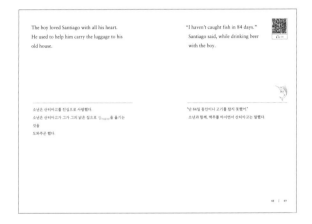

The boy loved Santiago with all his heart.
He used to help him carry the luggage to his
old house.

"I haven't caught fish in 84 days."
Santiago said, while drinking beer
with the boy.

소년은 산티아고를 진심으로 사랑했다.
소년은 산티아고가 그가 그의 낡은 집으로 짐(luggage)을 옮기는 것을
도와주곤 했다.

"난 84일 동안이나 고기를 잡지 못했어."
소년과 함께, 맥주를 마시면서 산티아고는 말했다.

48 | 49

* 확장형 문장으로 패턴을 익힌다면, 줄거리 문장을 통해 원서 읽기의 기쁨
을 느낄 수 있습니다. 모두가 알지만 누구도 읽어 본 적 없는 원서 읽기! 두
근두근 확장 시리즈로 경험해 보세요!

Step 4 전문을 읽으세요.
두 배로 오래 기억하게 됩니다.

Santiago was an old man fishing alone in a small boat in the sea of Cuba. His eyes were shining brightly with blue light although he was skinny and full of wrinkles. He was friends with a boy who had learned how to fish from from the age of 5.

The boy loved Santiago with all his heart. He used to help him carry the luggage to his old house. "I haven't caught fish in 84 days." Santiago said, while drinking beer with the boy.

"Please take me with you like old times when we went out together and caught fish every day for three weeks. But the boy had to board the other boat that caught many fish because of his father.

Early in the morning, Santiago went to the sea with the boy after waking him up by gently touching his feet. Santiago boarded his boat alone after drinking two cups of coffee that the boy brought him instead of breakfast.

Santiago put two fish on the hook, and sank them under the water. The sea was shining under the morning sun.

"So far I have been unlucky. But who knows what's going to happen today?" He said.

I'll just do my job right." He said.

Santiago sailed slowly over the calm sea, looking at the birds flying in search of food. Then around noon, he felt something touching a fishing line with incredibly strong power with his fingers.

"It's amazing. I've never caught such a powerful fish in my life."

The fish was swimming slowly, dragging the boat. Santiago wanted to know how big it was. But since the fish were deep in the sea, he could not see it.

The fish continued to go forward, even though Santiago tried hard to pull him to the ship. Santiago became cold as his sweaty back dried up at sunset.

Santiago recalled old memories of fishing. Once he had caught a pair of fish.

"We caught the female and killed her. Then the male jumped high into the sky in deep sorrow." It was the most beautiful fish Santiago had ever seen.

Santiago pulled the fishing line rear without a break during the night to make the strong fish tired. Meanwhile, Santiago heard the sound of a float breaking on the back of the ship because of a new fish. He tied the fishing lines with one hand in the darkness to keep

* 본문에 등장한 확장형 문장과 줄거리 문장을 모은 전문으로 이제까지 익힌 필수 영어 패턴을 한 번에 정리할 수 있습니다. 출퇴근길이나 잠들기 전, 듣기 파일을 들으며 전체 문장을 소리내어 읽어 보세요. 긴 문장 말하기, 여러분도 해낼 수 있습니다!

Contents

The Old Man and the Sea

산티아고는 노인이었다.

Santiago was _____.

산티아고는 혼자 고기잡이를 하는 노인이었다.

Santiago was an old man _____.

산티아고는 작은 배를 타고
혼자 고기잡이를 하는 노인이었다.

Santiago was an old man fishing alone

                               _____.

산티아고는 쿠바의 바다에서
작은 배를 타고 혼자 고기잡이를 하는 노인이었다.

Santiago was an old man fishing alone
in a small boat _____.

* Cuba 쿠바

산티아고는 쿠바의 바다에서
작은 배를 타고 혼자 고기잡이를 하는 노인이었다.

Santiago was an old man fishing alone
in a small boat in the sea of Cuba.

그의 눈은 빛났다.

His eyes _____.

* shining 빛나는, 반짝이는

그의 눈은 밝게 빛났다.

His eyes were shining _____.

* brightly 밝게, 선명하게

그의 눈은 푸른 빛으로 밝게 빛났다.

His eyes were shining brightly _____
_____ .

그는 삐쩍 말랐지만,
그의 눈은 푸른 빛으로 밝게 빛났다.

His eyes were shining brightly with blue light

_____ .

그는 삐쩍 마르고 주름투성이었지만,
그의 눈은 푸른 빛으로 밝게 빛났다.

His eyes were shining brightly with blue light although he was skinny _____ _____.

그는 삐쩍 마르고 주름투성이었지만,
그의 눈은 푸른 빛으로 밝게 빛났다.

His eyes were shining brightly with blue light although he was skinny and full of wrinkles.

그는 소년과 친구로 지내고 있었다.

He was friends _____ .

그는 배운 소년과 친구로 지내고 있었다.

He was friends with a boy

_____ .

그는 고기 잡는 법을 배운 소년과
친구로 지내고 있었다.

He was friends with a boy
who had learned _____.

그는 그에게 고기 잡는 법을 배운 소년과
친구로 지내고 있었다.

He was friends with a boy

who had learned how to fish _____.

그는 다섯 살 때부터
그에게 고기 잡는 법을 배운 소년과
친구로 지내고 있었다.

He was friends with a boy
who had learned how to fish from him

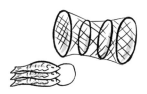

* the age of ~의 나이에

그는 다섯 살 때부터
그에게 고기 잡는 법을 배운 소년과
친구로 지내고 있었다.

He was friends with a boy

who had learned how to fish from him

from the age of 5.

The boy loved Santiago with all his heart.
He used to help him carry the luggage to his
old house.

소년은 산티아고를 진심으로 사랑했다.
소년은 산티아고가 그의 낡은 집으로 짐luggage을 옮기는 것을
도와주곤 했다.

"I haven't caught fish in 84 days."
Santiago said, while drinking beer
with the boy.

"난 84일 동안이나 고기를 잡지 못했어."

소년과 함께, 맥주를 마시면서 산티아고는 말했다.

"저를 할아버지와 함께 데려가 주세요."

"Please take me _____."

"옛날처럼, 저를 할아버지와 함께 데려가 주세요."

"Please take me with you _____

_____."

* old times 옛날(식)의

"우리가 함께 나가던 옛날처럼,
 저를 할아버지와 함께 데려가 주세요."

"Please take me with you like old times

.”

"우리가 함께 나가서 고기를 잡았던 옛날처럼,
 저를 할아버지와 함께 데려가 주세요."

"Please take me with you like old times
when we went out together _____."

"우리가 함께 나가서
매일 고기를 잡았던 옛날처럼,
저를 할아버지와 함께 데려가 주세요."

"Please take me with you like old times
when we went out together and caught fish
_____."

"우리가 함께 나가서 삼 주 동안
매일 고기를 잡았던 옛날처럼,
저를 할아버지와 함께 데려가 주세요."

"Please take me with you like old times when we went out together and caught fish every day _____."

"우리가 함께 나가서 삼 주 동안
 매일 고기를 잡았던 옛날처럼,
 저를 할아버지와 함께 데려가 주세요."

"Please take me with you like old times
when we went out together and caught fish
every day for three weeks."

그러나 소년은 타야 했다.

But the boy _____ board.

* board 탑승하다, 승선하다

그러나 소년은 다른 배에 타야 했다.

But the boy had to board _____

_____.

그러나 소년은
많은 물고기들을 잡는 다른 배에 타야 했다.

But the boy had to board the other boat

_____ .

그러나 그의 아버지 때문에
소년은 많은 물고기들을 잡는 다른 배에 타야 했다.

But the boy had to board the other boat
that caught many fish _____
_____.

그러나 그의 아버지 때문에
소년은 많은 물고기들을 잡는 다른 배에 타야 했다.

But the boy had to board the other boat
that caught many fish because of his father.

이른 아침이 되자,

_____ in the morning,

이른 아침이 되자, 산티아고는 갔다.

Early in the morning, _____.

이른 아침이 되자, 산티아고는 바다에 갔다.

Early in the morning, Santiago went _____

_____ .

이른 아침이 되자,
산티아고는 소년과 함께 바다에 갔다.

Early in the morning, Santiago went to the sea

_____.

이른 아침이 되자,
산티아고는 소년을 깨운 뒤 그와 함께 바다에 갔다.

Early in the morning, Santiago went to the sea
with the boy _____ .

* wake somebody up ~에게 정신이 들게 하다

이른 아침이 되자,
산티아고는 소년의 발을 만져
그를 깨운 뒤 그와 함께 바다에 갔다.

Early in the morning, Santiago went to the sea with the boy after waking him up

_____ .

이른 아침이 되자,
산티아고는 소년의 발을 부드럽게 만져
그를 깨운 뒤 그와 함께 바다에 갔다.

Early in the morning, Santiago went to the sea
with the boy after waking him up
by _____ touching his feet.

이른 아침이 되자,
산티아고는 소년의 발을 부드럽게 만져
그를 깨운 뒤 그와 함께 바다에 갔다.

Early in the morning, Santiago went to the sea
with the boy after waking him up
by gently touching his feet.

산티아고는 그의 배에 홀로 올라탔다.

Santiago _____ his boat alone.

산티아고는 커피를 마신 후
그의 배에 홀로 올라탔다.

Santiago boarded his boat alone

_____ coffee.

산티아고는 커피 두 잔을 마신 후
그의 배에 홀로 올라탔다.

Santiago boarded his boat alone
after drinking _____ coffee.

산티아고는 소년이 그에게 가져다준 커피 두 잔을
마신 후 그의 배에 홀로 올라탔다.

Santiago boarded his boat alone after drink-
ing two cups of coffee _____

_____.

산티아고는
소년이 그에게 가져다준 커피 두 잔을
아침 대신 마신 후 그의 배에 홀로 올라탔다.

Santiago boarded his boat alone after drinking
two cups of coffee that the boy brought him

_____ .

* instead ~ 대신에

산티아고는
소년이 그에게 가져다준 커피 두 잔을
아침 대신 마신 후 그의 배에 홀로 올라탔다.

Santiago boarded his boat alone after drinking two cups of coffee that the boy brought him instead of breakfast.

Santiago put two fish on the hook, and sank them under the water.

The sea was shining under the morning sun.

산티아고는 물고기 두 마리를 낚싯바늘_{hook}에 끼워_{put on} 물 밑으로 내렸다_{sank}.

바다는 아침 햇살아래서 빛나고 있었다.

"So far I have been unlucky. But who
knows what's going to happen today?
I'll just do my job right."
He said.

"지금까지so far 나는 운이 없었어. 그러나 오늘 무슨 일이 일어
날지 누가 알아?
나는 그저 내 일을 제대로 하겠어."
그는 말했다.

산티아고는 천천히 항해했다.

🎧 10

Santiago _____.

* sailed 항해했다 (원 sail)

산티아고는 잔잔한 바다 위를 천천히 항해했다.

Santiago sailed slowly _____.

산티아고는 새들을 바라보면서
잔잔한 바다 위를 천천히 항해했다.

Santiago sailed slowly over the calm sea,

_____ .

산티아고는 먹이를 찾아 날아다니는 새들을
바라보면서 잔잔한 바다 위를 천천히 항해했다.

Santiago sailed slowly over the calm sea,
looking at the birds _____.

* in search of ~을 찾아서

산티아고는 먹이를 찾아 날아다니는 새들을
바라보면서 잔잔한 바다 위를 천천히 항해했다.

Santiago sailed slowly over the calm sea,
looking at the birds flying in search of food.

그러다 정오 무렵,

Then _____,

그러다 정오 무렵, 그는 무언가를 느꼈다.

Then around noon, _____.

그러다 정오 무렵,
그는 무언가가 낚싯줄을 건드리는 것을 느꼈다.

Then around noon,

he felt something _____ .

그러다 정오 무렵,
그는 강한 힘을 가진 무언가가
낚싯줄을 건드리는 것을 느꼈다.

Then around noon,

he felt something touching a fishing line

_____ .

그러다 정오 무렵,
그는 믿을 수 없이 강한 힘을 가진 무언가가
낚싯줄을 건드리는 것을 느꼈다.

Then around noon,

he felt something touching a fishing line

with _____ strong power.

* incredibly 믿을 수 없을 정도로

그러다 정오 무렵,
그는 믿을 수 없이 강한 힘을 가진 무언가가
낚싯줄을 건드리는 것을 손가락으로 느꼈다.

Then around noon,
he felt something touching a fishing line
with incredibly strong power _____.

그러다 정오 무렵,
그는 믿을 수 없이 강한 힘을 가진 무언가가
낚싯줄을 건드리는 것을 손가락으로 느꼈다.

Then around noon,

he felt something touching a fishing line

with incredibly strong power with his fingers.

"It's amazing. I've never caught such a
  powerful fish in my life."
The fish was swimming slowly, dragging the
boat.

"엄청나구먼. 난 평생 이렇게 힘 센 고기는 잡아 본 적이 없어."
물고기는 배를 천천히 끌고_{dragging} 헤엄치고 있었다.

Santiago wanted to know how big it
was. But since the fish were deep in
the sea, he could not see it.

산티아고는 그것이 얼마나 큰지 알고 싶었다.

그러나 물고기는 바다 깊은 곳에 있었기 때문에, 그는 그 모습을
볼 수 없었다.

물고기는 계속해서 앞으로 나아갔다.

The fish continued _____.

산티아고가 무척 애를 썼음에도 불구하고,
물고기는 계속해서 앞으로 나아갔다.

The fish continued to go forward,

_____ .

산티아고가 그를 당기려고 무척 애를 썼음에도
불구하고, 물고기는 계속해서 앞으로 나아갔다.

The fish continued to go forward,

even though Santiago tried hard _____.

산티아고가 그를 배로 당기려고 무척 애를 썼음에도 불구하고, 물고기는 계속해서 앞으로 나아갔다.

The fish continued to go forward,
even though Santiago tried hard to pull him

_____ .

산티아고가 그를 배로 당기려고 무척 애를 썼음에도 불구하고, 물고기는 계속해서 앞으로 나아갔다.

The fish continued to go forward,
even though Santiago tried hard to pull him
to the ship.

산티아고는 추워졌다.

Santiago _____.

등이 마르면서 산티아고는 추워졌다.

Santiago became cold _____.

땀에 젖었던 등이 마르면서
산티아고는 추워졌다.

Santiago became cold

as his _____ back dried up.

* sweaty 땀에 젖은

해질녘에 땀에 젖었던 등이 마르면서
산티아고는 추워졌다.

Santiago became cold
as his sweaty back dried up _____ .

해질녘에 땀에 젖었던 등이 마르면서
산티아고는 추워졌다.

Santiago became cold
as his sweaty back dried up at sunset.

Santiago recalled old memories of fishing.

Once he had caught a pair of fish.

산티아고는 고기 잡이에 대한 오래된 기억을 떠올렸다recalled.

언젠가 그는 한 쌍의 물고기를 잡은 적이 있었다.

"We caught the female and killed her.
Then the male jumped high into the
sky in deep sorrow."

It was the most beautiful fish Santiago had
ever seen.

"우리는 암컷을 잡아 죽였었지. 그랬더니 수컷은 크게 슬퍼하
며 하늘 높이 뛰어올랐어."

그것은 산티아고가 본 중 가장 아름다운 물고기였다.

산티아고는 낚싯줄을 정말 열심히 잡아당겼다.

Santiago pulled the fishing line _____.

산티아고는 한 번도 쉬지 않고
낚싯줄을 정말 열심히 잡아당겼다.

Santiago pulled the fishing line so hard

_____ .

산티아고는 밤 동안 한 번도 쉬지 않고
낚싯줄을 정말 열심히 잡아당겼다.

Santiago pulled the fishing line so hard

without a break _____ .

산티아고는 그 물고기를 지치게 하기 위해
밤 동안 한 번도 쉬지 않고 낚싯줄을
정말 열심히 잡아당겼다.

Santiago pulled the fishing line so hard
without a break during the night

.

산티아고는 그 강력한 물고기를 지치게 하기 위해
밤 동안 한 번도 쉬지 않고 낚싯줄을
정말 열심히 잡아당겼다.

Santiago pulled the fishing line so hard
without a break during the night
to make the _____ fish tired.

산티아고는 그 강력한 물고기를 지치게 하기 위해
밤 동안 한 번도 쉬지 않고 낚싯줄을
정말 열심히 잡아당겼다.

Santiago pulled the fishing line so hard
without a break during the night
to make the strong fish tired.

그러던 중에, 산티아고는 소리를 들었다.

Meanwhile, _____.

그러던 중에,
산티아고는 낚시찌 소리를 들었다.

Meanwhile, Santiago heard the sound

_____.

* float 낚시찌

그러던 중에,
산티아고는 낚시찌가 부러지는 소리를 들었다.

Meanwhile, Santiago heard the sound of a float _____.

그러던 중에, 산티아고는 뒤에서
낚시찌가 부러지는 소리를 들었다.

Meanwhile, Santiago heard the sound
of a float breaking _____ .

그러던 중에, 산티아고는 배 뒤에서
낚시찌가 부러지는 소리를 들었다.

Meanwhile, Santiago heard the sound
of a float breaking on the back _____

_____ .

그러던 중에,
산티아고는 새로운 물고기 때문에
배 뒤에서 낚시찌가 부러지는 소리를 들었다.

Meanwhile, Santiago heard the sound
of a float breaking on the back
of the ship _____ .

그러던 중에,
산티아고는 새로운 물고기 때문에
배 뒤에서 낚시찌가 부러지는 소리를 들었다.

Meanwhile, Santiago heard the sound
of a float breaking on the back
of the ship because of a new fish.

그는 한 손으로 낚싯줄을 묶었다.

18

He tied the fishing lines _____.

그는 어둠 속에서 한 손으로 낚싯줄을 묶었다.

He tied the fishing lines with one hand

_____ .

그는 그 새로운 물고기를 막기 위해
어둠 속에서 한 손으로 낚싯줄을 묶었다.

He tied the fishing lines with one hand
in the darkness _____.

그는 그 새로운 물고기가 달아나는 걸 막기 위해
어둠 속에서 한 손으로 낚싯줄을 묶었다.

He tied the fishing lines with one hand
in the darkness to keep the new fish

_____.

그는 그 새로운 물고기가 달아나는 걸 막기 위해
어둠 속에서 한 손으로 낚싯줄을 묶었다.

He tied the fishing lines with one hand in the darkness to keep the new fish from running away.

"소년이 나와 함께 있다면 좋을 텐데!"

19

"I wish _____!"

"나를 도와줄 소년이
　나와 함께 있다면 좋을 텐데!"

"I wish the boy _____ was with me!"

"내가 이 고된 일들을 하는 것을 도와줄 소년이
　나와 함께 있다면 좋을 텐데!"

"I wish the boy who would help me

was with me!"

"내가 이 고된 일들을 하는 것을
 도와줄 소년이
 이 배에 나와 함께 있다면 좋을 텐데!"

"I wish the boy who would help me
to do this hard work was with me
_____!"

"내가 이 고된 일들을 하는 것을
 도와줄 소년이 바로 지금
 이 배에 나와 함께 있다면 좋을 텐데!"

"I wish the boy who would help me
to do this hard work was with me
on this ship _____!"

"내가 이 고된 일들을 하는 것을
 도와줄 소년이 바로 지금 이 배에
 나와 함께 있다면 좋을 텐데!"

"I wish the boy who would help me
to do this hard work was with me
on this ship right now!"

The ship shook by a large wave.

Santiago's eyes and hands were bleeding.

배는 커다란 파도wave를 맞아 흔들렸다shook.

산티아고의 눈과 손에서는 피가 흐르고 있었다.

The fish continued to swim north.

Santiago began to wear out.

물고기는 계속해서 북쪽으로_{north} 헤엄쳐 갔다.

산티아고는 지치기_{wear out} 시작했다.

산티아고는 두 번째 해를 바라보았다.

Santiago looked at _____.

산티아고는
바다 위로 떠오르는 두 번째 해를 바라보았다.

Santiago looked at

the second sun _____.

* above ~ 위로

산티아고는

한숨도 자지 못한 채로

바다 위로 떠오르는 두 번째 해를 바라보았다.

Santiago looked at

the second sun rising above the sea

.

산티아고는
한숨도 자지 못한 채로
바다 위로 떠오르는 두 번째 해를 바라보았다.

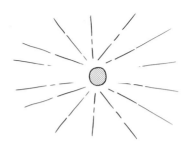

Santiago looked at
the second sun rising above the sea
without a wink of sleep.

산티아고는 낚싯줄을 당길 수 없었다.

22

Santiago couldn't _____

_____.

산티아고는 낚싯줄을 세게 당길 수 없었다.

Santiago couldn't pull the fishing line _____.

산티아고는
두려움에 낚싯줄을 세게 당길 수 없었다.

Santiago couldn't pull the fishing line hard
_____.

* for fear 두려워서, ~할까 봐 무서워서

산티아고는 그것이 끊어질까 하는 두려움에
낚싯줄을 세게 당길 수 없었다.

Santiago couldn't pull the fishing line hard
for fear _____.

물고기가 왔음에도 불구하고,
산티아고는 낚싯줄이 끊어질까 하는 두려움에
그것을 세게 당길 수 없었다.

Santiago couldn't pull the fishing line hard
for fear that it would break,

_____ .

물고기가 표면 가까이 왔음에도 불구하고,
산티아고는 낚싯줄이 끊어질까 하는 두려움에
그것을 세게 당길 수 없었다.

Santiago couldn't pull the fishing line hard
for fear that it would break,
although the fish came _____ .

물고기가 물의 표면 가까이 왔음에도 불구하고,
산티아고는 낚싯줄이 끊어질까 하는 두려움에
그것을 세게 당길 수 없었다.

Santiago couldn't pull the fishing line hard
for fear that it would break, although the fish
came near the surface _____.

물고기가 물의 표면 가까이 왔음에도 불구하고,
산티아고는 낚싯줄이 끊어질까 하는 두려움에
그것을 세게 당길 수 없었다.

Santiago couldn't pull the fishing line hard
for fear that it would break, although the fish
came near the surface of the water.

Then a small bird flew in from the north.

The bird looked very weak.

그때 북쪽에서 작은 새 한 마리가 날아들었다.

그 새는 매우 약해_{weak} 보였다.

23

"Get a good rest, bird. And go back
    to challenge your life again.
        Like all men, fish and birds."
He said, giving the bird a place to sit.

"푹 쉬어라, 새야. 그리고 돌아가서 네 인생에 다시 도전해 봐.
 사람이든 물고기든 새든 모두 그렇듯이."
그는 새에게 앉을 자리를 내어주며 말했다.

불행하게도, 그의 왼손은 할 수 없게 되었다.

Unfortunately, his left hand _____.

* unable ~할 수 없는

불행하게도,
그의 왼손은 움직일 수 없게 되었다.

Unfortunately, his left hand became unable

_____.

불행하게도,
그가 낚싯줄을 쥐고 있었기 때문에
그의 왼손은 움직일 수 없게 되었다.

Unfortunately, his left hand became unable
to move _____

_____ .

불행하게도,
그가 너무 오랫동안 낚싯줄을 쥐고 있었기 때문에
그의 왼손은 움직일 수 없게 되었다.

Unfortunately, his left hand became unable
to move as he had been holding the fishing line
_____.

불행하게도,
그가 너무 오랫동안 낚싯줄을 쥐고 있었기 때문에
그의 왼손은 움직일 수 없게 되었다.

Unfortunately, his left hand became unable
to move as he had been holding the fishing line
for too long.

그는 작은 물고기를 먹었다.

He ate _____ .

그는 그가 잡은 작은 물고기를 먹었다.

He ate the little fish _____.

그는 지난 밤에 잡은 작은 물고기를 먹었다.

He ate the little fish that he caught _____.

그는 지난 밤에 잡은 작은 물고기를
조금의 소금도 없이 먹었다.

He ate the little fish that he caught last night

_____.

그는 힘을 내기 위해 지난 밤에 잡은 작은 물고기를
조금의 소금도 없이 먹었다.

He ate the little fish that he caught last night without any salt _____.

그는 힘을 내기 위해 지난 밤에 잡은 작은 물고기를
조금의 소금도 없이 먹었다.

He ate the little fish that he caught last night
without any salt to cheer up.

Then, the fish came to the surface of
the water.
It had a long, sharp mouth like a baseball bat.

그때, 물고기가 수면으로 떠올랐다.
그것은 야구방망이처럼 길고 뾰족한sharp 입을 가지고 있었다.

🎧 26

"I'll catch the greatest fish in the sea."

He spoke firmly.

"바다에서 제일 위대한 저 물고기를 잡고 말겠어."

그는 단호하게firmly 말했다.

"다행이야."

27

"It's _____."

---

* fortunate 운 좋은, 다행한

"우리가 물고기만 잡는 것은 **다행이야**."

"It's fortunate _____."

"우리가 물고기만 잡아야 하는 것은 다행이야."

"It's fortunate that we _____ catch only fish."

"태양이나 달은 달아나 버릴 것이기 때문에,
우리가 물고기만 잡아야 하는 것은 다행이야"

"It's fortunate that we have to catch only fish,

_____

_____."

* run away 도망치다, 달아나다

"태양이나 달은 영원히
 달아나 버릴 것이기 때문에,
 우리가 물고기만 잡아야 하는 것은 다행이야."

"It's fortunate that we have to catch only fish, because the sun or the moon will run away _____."

"태양이나 달은 누군가가 그들을 쫓아오면
영원히 달아나 버릴 것이기 때문에,
우리가 물고기만 잡아야 하는 것은 다행이야."

"It's fortunate that we have to catch only fish, because the sun or the moon will run away forever _____."

* chase 뒤쫓다, 추적하다

"태양이나 달은 누군가가 그들을 쫓아오면
영원히 달아나 버릴 것이기 때문에,
우리가 물고기만 잡아야 하는 것은 다행이야."

"It's fortunate that we have to catch only fish, because the sun or the moon will run away forever if someone chases them."

바람은 부드럽게 불고 있었다.

28

The wind was blowing _____.

* blow (바람이) 불다

바람은 ~ 방향으로 부드럽게 불고 있었다.

The wind was blowing softly _____.

* in the direction ~의 방향으로

바람은 산티아고의 방향으로
부드럽게 불고 있었다.

The wind was blowing softly in the direction

_____.

바람은 산티아고가 낚싯줄을 당기는 방향으로
부드럽게 불고 있었다.

The wind was blowing softly in the direction

of Santiago _____.

바람은 산티아고가 낚싯줄을 당기는 방향으로
부드럽게 불고 있었다.

The wind was blowing softly in the direction of Santiago pulling the fishing line.

In fact, Santiago was once called the victor.

When he arm wrestled with the strongest man

in the village,

사실, 산티아고는 한때 승리자_{victor}라고 불렸다.

마을_{village}에서 가장 힘이 센 남자와 팔씨름을 했을 때,

he won after fighting for more than
a day.

But now, he thought of himself as an
old man weaker than a fish.

그는 하루가 넘게 겨룬 뒤 이겼었다.

그러나 지금 그는 자신을 물고기 한 마리보다 약한 노인네라고
생각하고 있었다.

산티아고는 우연히 잡았다.

Santiago _____ catch.

* happened (특히 계획하지 않은 일이) 일어났다 (원 happen)

산티아고는 작은 물고기를 우연히 잡았다.

Santiago happened to catch _____ .

산티아고는 먹을 만한 작은 물고기를
우연히 잡았다.

Santiago happened to catch a small fish

_____ .

산티아고는 먹을 만한 작은 물고기를
또 우연히 잡았다.

Santiago happened to catch a small fish
to eat _____.

두 번째 밤이 왔을 때, 산티아고는 먹을 만한
작은 물고기를 또 우연히 잡았다.

Santiago happened to catch a small fish to eat again, _____.

나온 뒤 두 번째 밤이 왔을 때,
산티아고는 먹을 만한 작은 물고기를
또 우연히 잡았다.

Santiago happened to catch a small fish
to eat again, when the second night came

_____ .

바다로 나온 뒤 두 번째 밤이 왔을 때,
산티아고는 먹을 만한 작은 물고기를
또 우연히 잡았다.

Santiago happened to catch a small fish
to eat again, when the second night came
after coming out _____.

바다로 나온 뒤 두 번째 밤이 왔을 때,
산티아고는 먹을 만한 작은 물고기를
또 우연히 잡았다.

Santiago happened to catch a small fish to eat again, when the second night came after coming out to the sea.

그는 그 물고기를 손질했다.

He _____ the fish.

그는 왼손만으로 그 물고기를 손질했다.

He cleaned the fish _____.

그는 어둠 속에서 왼손만으로
그 물고기를 손질했다.

He cleaned the fish with only his left hand

_____.

낚싯줄을 잡아야 했기 때문에,
그는 어둠 속에서 왼손만으로
그 물고기를 손질했다.

He cleaned the fish with only his left hand
in the darkness _____

_____ .

오른손으로는 낚싯줄을 잡아야 했기 때문에,
그는 어둠 속에서 왼손만으로
그 물고기를 손질했다.

He cleaned the fish with only his left hand
in the darkness because he had to hold
the fishing line   .

오른손으로는 낚싯줄을 잡아야 했기 때문에,
그는 어둠 속에서 왼손만으로
그 물고기를 손질했다.

He cleaned the fish with only his left hand
in the darkness because he had to hold
the fishing line with the right hand.

It smelled disgusting as it was raw.

But Santiago ate it with his eyes closed not to

fall down.

그 물고기는 날것이어서 역겨운disgusting 냄새가 났다.

그러나 산티아고는 쓰러지지 않기 위해 눈을 감고 그것을 먹었

다.

Santiago decided to sleep and closed
his eyes, pressing the hand with his
body. But after a while, he woke up
with an injury to his hand because of the
fishing line slipping quickly.

산티아고는 잠을 자기로 결정하고decided 손을 몸으로 누른 채 눈
을 감았다.

그러나 얼마 후, 그는 빠르게 풀리는slipping 낚싯줄 때문에 손에 상
처injury가 나서 잠에서 깼다.

다시 아침이 되자,

When it was _____,

다시 아침이 되자,
물고기는 시작했다.

When it was morning again,

_____.

다시 아침이 되자,
물고기는 천천히 돌기 시작했다.

When it was morning again,

the fish began _____.

* revolve 돌다, 회전하다

다시 아침이 되자,
물고기는 배 주위로 천천히 돌기 시작했다.

When it was morning again,
the fish began to revolve slowly,

_____.

다시 아침이 되자,
물고기는 배 주위로
커다란 원을 그리며 천천히 돌기 시작했다.

When it was morning again,

the fish began to revolve slowly,

around the ship _____.

다시 아침이 되자,
물고기는 배 주위로
커다란 원을 그리며 천천히 돌기 시작했다.

When it was morning again,
the fish began to revolve slowly,
around the ship in a large circle.

물고기가 위로 떠올랐을 때,

When the fish _____,

* rose 올랐다, 솟았다(원 rise)

물고기가 수면 위로 떠올랐을 때,

When the fish rose _____

_____ .

물고기가 수면 위로 떠올랐을 때,
산티아고는 그것을 알게 되었다.

When the fish rose

to the surface of the water, _____

_____.

물고기가 수면 위로 떠올랐을 때,
산티아고는
그것이 더 커다랗다는 것을 알게 되었다.

When the fish rose
to the surface of the water,
Santiago found it _____.

물고기가 수면 위로 떠올랐을 때,
산티아고는 그것이 그의 배보다
더 커다랗다는 것을 알게 되었다.

When the fish rose
to the surface of the water,
Santiago found it bigger _____
_____.

물고기가 수면 위로 떠올랐을 때,
산티아고는 그것이 그의 배보다
더 커다랗다는 것을 알게 되었다.

When the fish rose
to the surface of the water,
Santiago found it bigger than his boat.

그것은 보라색 줄무늬를 가지고 있었다.

It had _____.

그것은 아름다운 보라색 줄무늬를 가지고 있었다.

It had _____ purple stripes.

그것은 믿을 수 없이
아름다운 보라색 줄무늬를 가지고 있었다.

It had _____ beautiful purple stripes.

그것은 빛나는, 믿을 수 없이
아름다운 보라색 줄무늬를 가지고 있었다.

It had incredibly beautiful
purple stripes _____.

그것은 햇빛 아래에서 빛나는, 믿을 수 없이
아름다운 보라색 줄무늬를 가지고 있었다.

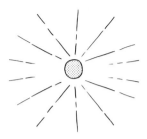

It had incredibly beautiful
purple stripes shining _____

_____.

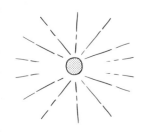

그것은 햇빛 아래에서 빛나는, 믿을 수 없이
아름다운 보라색 줄무늬를 가지고 있었다.

It had incredibly beautiful
purple stripes shining under the sunlight.

Santiago waited for the fish to slow down.

And he pulled the fish with all his power.

산티아고는 물고기가 느려지기를 기다렸다.

그리고 그는 그의 모든 힘을 다해 물고기를 끌어당겼다.

He put the sharp harpoon in the fish
as it came close to his boat.
The fish bounced into the sky like
a bird, splashing the water.

그는 그의 배쪽으로 가까이 다가온 물고기에
뾰족한 작살harpoon을 꽂았다.
물고기는 물을 튀기면서splashing 마치 새처럼 하늘을 향해 튀어 올
랐다.

산티아고는 어지러웠다.

Santiago was _____.

상처가 가득한 산티아고는 어지러웠다.

Santiago, _____, was dizzy.

얼굴과 손에 상처가 가득한
산티아고는 어지러웠다.

Santiago, full of scars _____

_____, was dizzy.

얼굴과 손에 상처가 가득한 산티아고는
검은 반점들을 볼 정도로 어지러웠다.

Santiago, full of scars on his face and hands, was
dizzy _____ .

얼굴과 손에 상처가 가득한 산티아고는
검은 반점들을 볼 정도로 어지러웠다.

Santiago, full of scars on his face and hands, was dizzy enough to see black spots.

산티아고는 항해하기 시작했다.

Santiago began _____.

산티아고는 남서쪽으로 항해하기 시작했다.

Santiago began to sail _____.

산티아고는 집으로 가기 위해
남서쪽으로 항해하기 시작했다.

Santiago began to sail southwest _____ _____.

산티아고는 물고기를 묶은 뒤 집으로 가기 위해
남서쪽으로 항해하기 시작했다.

Santiago began to sail southwest to go home

_____ .

산티아고는 물고기를 단단히 묶은 뒤
집으로 가기 위해 남서쪽으로 항해하기 시작했다.

Santiago began to sail southwest to go home after tying the fish _____ .

산티아고는 물고기를 밧줄로 단단히 묶은 뒤
집으로 가기 위해 남서쪽으로 항해하기 시작했다.

Santiago began to sail southwest to go home
after tying the fish tightly _____.

산티아고는 물고기를 밧줄로 단단히 묶은 뒤
집으로 가기 위해 남서쪽으로 항해하기 시작했다.

Santiago began to sail southwest to go home after tying the fish tightly with a rope.

그러나 불행하게도,

_____, however,

그러나 불행하게도,

출발한 지 한 시간이 지나자,

Unfortunately, however,

_____ ,

그러나 불행하게도, 출발한 지 한 시간이 지나자
상어가 나타났다.

Unfortunately, however,

an hour after the departure, a shark _____.

그러나 불행하게도, 출발한 지 한 시간이 지나자
피 냄새를 맡은 상어가 나타났다.

Unfortunately, however,
an hour after the departure, a shark
_____ appeared.

그러나 불행하게도, 출발한 지 한 시간이 지나자
물고기의 피 냄새를 맡은
무시무시한 상어가 나타났다.

Unfortunately, however,

an hour after the departure, a shark

that smelled the blood _____ appeared.

그러나 불행하게도, 출발한 지 한 시간이 지나자
물고기의 피 냄새를 맡은
무시무시한 상어가 나타났다.

Unfortunately, however,
an hour after the departure, a shark
that smelled the blood of a fish appeared.

The shark bit the fish's tail with its sharp teeth. Santiago put a harpoon in the middle of its head.

상어는 날카로운 이빨로 물고기의 꼬리를 물었다.
산티아고는 그의 머리 한가운데에 작살을 꽂았다.

The shark died, but it ate about
20 kilograms of the fish.

🎧 40

상어는 죽었지만, 그것은 물고기의 20kg쯤을 먹어 버렸다.

"나는 인간은 패배하지는 않는다고 생각해."

41

"I think _____."

"나는 인간은 쓰러질지언정
 패배하지는 않는다고 생각해."

"I think humans will not be defeated

_____."

"이런 상황에서도, 나는 인간은 쓰러질지언정
 패배하지는 않는다고 생각해."

"I think humans will not be defeated
even if they fall, _____ ."

"이렇게 어려운 상황에서도,
 나는 인간은 쓰러질지언정
 패배하지는 않는다고 생각해."

"I think humans will not be defeated
even if they fall,
even in this _____ situation."

"이렇게 어려운 상황에서도,
 나는 인간은 쓰러질지언정
 패배하지는 않는다고 생각해."

"I think humans will not be defeated
even if they fall,
even in this difficult situation."

그러나 그때 상어 두 마리가 나타났다.

42

But then _____ .

그러나 그때 상어 두 마리가 나타나서는
먹어버렸다.

But then two sharks appeared _____.

그러나 그때 상어 두 마리가 나타나서는
물고기의 반절을 먹어버렸다.

But then two sharks appeared to eat

_____ .

그러나 그때 상어 두 마리가 나타나서는
비웃듯이 물고기의 반절을 먹어버렸다.

But then two sharks appeared to eat
half of the fish _____ .

그러나 그때 상어 두 마리가 나타나서는
그의 말을 비웃듯이 물고기의 반절을 먹어버렸다.

But then two sharks appeared to eat

half of the fish as if laughing _____

_____.

그러나 그때 상어 두 마리가 나타나서는
그의 말을 비웃듯이 물고기의 반절을 먹어버렸다.

But then two sharks appeared to eat
half of the fish as if laughing at his words.

Santiago stabbed the two sharks with a knife.
The knife sank into the sea with the sharks,
just as the harpoon did.

산티아고는 그 두 마리의 상어들도 칼로 찔렀다.
칼은 작살이 그랬던 것처럼 상어들과 함께 바닷속으로 가라앉았
다.

Santiago dipped his bloody hands into the sea.

"Fish, I'm sorry for you."

산티아고는 피투성이가 된 손을 바다에 담갔다.

"물고기야, 너에게 미안하구나."

산티아고는 후회했다.

Santiago _____.

산티아고는 너무 멀리 온 것을 후회했다.

Santiago regretted _____ .

산티아고는 해안에서
너무 멀리 온 것을 후회했다.

Santiago regretted coming too far

_____.

산티아고는 물고기와 해안에서
너무 멀리 온 것을 후회했다.

Santiago regretted coming too far

from the coast _____ .

해를 보면서, 산티아고는 물고기와 해안에서
너무 멀리 온 것을 후회했다.

Santiago regretted coming too far
from the coast with the fish, _____

_____ .

바다 너머로 지는 해를 보면서,
산티아고는 물고기와 해안에서
너무 멀리 온 것을 후회했다.

Santiago regretted coming too far from the coast with the fish, watching the sun

_____.

바다 너머로 지는 해를 보면서,
산티아고는 물고기와 해안에서
너무 멀리 온 것을 후회했다.

Santiago regretted coming too far
from the coast with the fish, watching the sun
setting over the sea.

그는 항해를 계속했다.

He _____.

그는 어둠 속에서 항해를 계속했다.

He continued sailing _____.

그는 깊은 어둠 속에서 항해를 계속했다.

He continued sailing in the _____ darkness.

그는 고향으로 가기 위해
깊은 어둠 속에서 항해를 계속했다.

He continued sailing in the deep darkness

_____.

그는 소년이 기다리는 고향으로 가기 위해
깊은 어둠 속에서 항해를 계속했다.

He continued sailing in the deep darkness

to go home _____

_____ .

그는 소년이 자신을 기다리는 고향으로 가기 위해
깊은 어둠 속에서 항해를 계속했다.

He continued sailing in the deep darkness
to go home where the boy was waiting ⎯⎯⎯⎯⎯

⎯⎯⎯⎯⎯.

그는 소년이 자신을 기다리는 고향으로 가기 위해
깊은 어둠 속에서 항해를 계속했다.

He continued sailing in the deep darkness
to go home where the boy was waiting for him.

In the he middle of the night, a group of sharks
attacked the fish again.
The boat almost flipped over.

한밤중이 되자 상어 떼가 또 물고기를 공격했다.
배는 거의 뒤집힐 뻔했다.

Santiago couldn't do anything because
he didn't have a weapon.
Sharks ate almost all of the fish.

46

산티아고는 무기를 가지고 있지 않기 때문에 아무것도 할 수
없었다.
상어들은 물고기의 거의 전부를 먹어 버렸다.

산티아고는 불빛을 발견했다.

47

Santiago _____.

산티아고는 그의 고향의 불빛을 발견했다.

Santiago found the light _____

_____.

산티아고는 떠 있는
그의 고향의 불빛을 발견했다.

Santiago found the light of his hometown,

_____ .

산티아고는 끝에 떠 있는
그의 고향의 불빛을 발견했다.

Santiago found the light of his hometown,

floating _____.

산티아고는 밤바다의 끝에 떠 있는
그의 고향의 불빛을 발견했다.

Santiago found the light of his hometown, floating at the end _____.

산티아고는 밤바다의 끝에 떠 있는
그의 고향의 불빛을 발견했다.

Santiago found the light of his hometown, floating at the end of the night sea.

그는 조용히 앉아 있었다.

48

He sat _____.

그는 배 위에서 조용히 앉아 있었다.

He sat quietly _____ .

그는 상어들에 의해 부서진 배 위에서
조용히 앉아 있었다.

He sat quietly on the ship _____

_____.

생각도 하지 않으면서, 그는 상어들에 의해 부서진
배 위에서 조용히 앉아 있었다.

He sat quietly on the ship broken by sharks
_____.

아무런 생각도 하지 않으면서, 그는 상어들에 의해
부서진 배 위에서 조용히 앉아 있었다.

He sat quietly on the ship broken by sharks
not thinking _____ .

아무런 생각도 하지 않으면서, 그는 상어들에 의해
부서진 배 위에서 조용히 앉아 있었다.

He sat quietly on the ship broken by sharks
not thinking about anything.

It was night when Santiago reached the port.
He headed home, leaving behind the bones of
the fish.

산티아고가 항구_{port}에 다다랐을 때는 밤이었다.
그는 물고기의 뼈를 그대로 놔둔 채 집으로 향했다.

He fell down on the road many times
under a heavy load.
As soon as he arrived at the house,
he fell asleep deeply.

그는 무거운 짐을 진 채 길 위에서 여러 번 쓰러졌다.
그는 집에 도착하자마자 깊이 잠에 들었다.

아침이 되자, 소년은 울기 시작했다.

By morning, _____.

아침이 되자, 그의 집으로 달려온 소년은
울기 시작했다.

By morning, the boy _____

_____ began to cry.

아침이 되자, 그의 집으로 달려온 소년은
슬프게 울기 시작했다.

By morning, the boy who ran to his house

began to cry _____ .

아침이 되자, 그의 집으로 달려온 소년은
상처를 보고 슬프게 울기 시작했다.

By morning, the boy who ran to his house
began to cry sadly _____.

아침이 되자,
그의 집으로 달려온 소년은
전신의 상처를 보고 슬프게 울기 시작했다.

By morning, the boy who ran to his house

began to cry sadly as he sees the wounds

_____ .

아침이 되자,
그의 집으로 달려온 소년은 산티아고의
전신의 상처를 보고 슬프게 울기 시작했다.

By morning, the boy who ran to his house
began to cry sadly as he sees the wounds
of the whole body _____.

아침이 되자,
그의 집으로 달려온 소년은 산티아고의
전신의 상처를 보고 슬프게 울기 시작했다.

By morning, the boy who ran to his house began to cry sadly as he sees the wounds of the whole body of Santiago.

소년은 뛰쳐나갔다.

The boy _____ .

소년은 집 밖으로 뛰쳐나갔다.

The boy ran out _____.

소년은 산티아고에게 뜨거운 커피를
가져다 주기 위해 집 밖으로 뛰쳐나갔다.

The boy ran out of the house _____

_____ .

소년은 산티아고에게 우유와 설탕을 넣은 뜨거운 커피를 가져다 주기 위해 집 밖으로 뛰쳐나갔다.

The boy ran out of the house to bring Santiago
hot coffee _____ .

소년은 산티아고에게 우유와 설탕을 넣은 뜨거운 커피를 가져다 주기 위해 집 밖으로 뛰쳐나갔다.

The boy ran out of the house to bring Santiago hot coffee with milk and sugar.

Fishermen gathered around Santiago's ship.
They were surprised to see the big bones of the fish.

"Look, it's 5.5 meters long!"

어부들은 산티아고의 배 주위에 모여 있었다.

그들은 물고기의 커다란 뼈를 보고 놀라워했다.

"봐, 이건 5.5m야!"

But the boy ran to the house without
even looking at them.

그러나 소년은 그들을 쳐다보지도 않고 집으로 뛰어갔다.

산티아고는 앉아 있는 소년을 보았다.

53

Santiago saw the boy _____.

산티아고는 그의 옆에 앉아 있는 소년을 보았다.

Santiago saw the boy sitting _____.

산티아고는 그를 보살피기 위해
그의 옆에 앉아 있는 소년을 보았다.

Santiago saw the boy sitting beside him

_____.

깨어난 산티아고는 그를 보살피기 위해
그의 옆에 앉아 있는 소년을 보았다.

Santiago saw the boy sitting beside him

to take care of him, _____.

깊은 잠을 자고 깨어난 산티아고는
그를 보살피기 위해
그의 옆에 앉아 있는 소년을 보았다.

Santiago saw the boy sitting beside him
to take care of him, after waking up

_____.

깊은 잠을 자고 깨어난 산티아고는
그를 보살피기 위해
그의 옆에 앉아 있는 소년을 보았다.

Santiago saw the boy sitting beside him
to take care of him, after waking up
from a deep sleep.

산티아고는 자신이 패배했다고 그에게 말했다.

54

Santiago told him _____.

산티아고는 자신이 결국 패배했다고
그에게 말했다.

Santiago told him that he was _____
defeated.

산티아고는 커피를 마시면서
자신이 결국 패배했다고 그에게 말했다.

Santiago told him that he was eventually defeated, _____.

산티아고는 지친 얼굴로 커피를 마시면서
자신이 결국 패배했다고 그에게 말했다.

Santiago told him that he was eventually defeat-
ed, drinking coffee _____ .

산티아고는 지친 얼굴로 커피를 마시면서
자신이 결국 패배했다고 그에게 말했다.

Santiago told him that he was eventually defeated, drinking coffee with a tired face.

소년은 사람들 모두가 노력해 왔다고 말했다.

The boy said _____

_____ .

소년은 마을 사람들 모두가
노력해 왔다고 말했다.

The boy said that everyone
had been trying.

소년은 마을 사람들 모두가
열심히 노력해 왔다고 말했다.

The boy said that everyone in the village had been trying _____.

소년은 마을 사람들 모두가 그를 찾기 위해
열심히 노력해 왔다고 말했다.

The boy said that everyone in the village had been trying hard _____.

소년은 마을 사람들 모두가 그를 찾기 위해
열심히 노력해 왔다고 말했다.

The boy said that everyone in the village had been trying hard to find him.

"I caught four fish for three days."

"You did very well."

Santiago smiled at the boy.

"저는 삼 일 동안 물고기 네 마리를 잡았어요."

"아주 잘했구나."

산티아고는 소년을 향해 웃었다.

⌂ 56

"I'll bring you luck, so fish with me."

The boy said to Santiago.

"제가 운을 가져올테니, 저랑 고기 잡으러 가요."

소년은 산티아고에게 말했다.

"할아버지는 건강해지시길 바라요."

"I hope _____ .

"할아버지는 어서 건강해지시길 바라요."

"I hope that you get healthy _____."

"할아버지는 제게 가르쳐 주셔야 하니,
  어서 건강해지시길 바라요."

"I hope that you get healthy soon

_____ . "

"할아버지는 아직도 제게 가르쳐 주셔야 하니,
 어서 건강해지시길 바라요."

"I hope that you get healthy soon because you _____ have to teach me."

"할아버지는 아직도 제게 고기 잡는 법을
 가르쳐 주셔야 하니, 어서 건강해지시길 바라요."

"I hope that you get healthy soon
because you still have to teach me _____
_____."

"할아버지는 아직도 제게 고기 잡는 법을
 가르쳐 주셔야 하니, 어서 건강해지시길 바라요."

"I hope that you get healthy soon
because you still have to teach me how to fish."

산티아고는 다시 잠이 들었다.

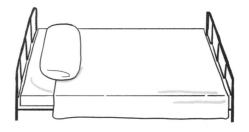

Santiago _____.

소년이 나가자
산티아고는 다시 잠이 들었다.

Santiago fell asleep again _____
_____.

소년이 음식과 신문을 가지러 나가자
산티아고는 다시 잠이 들었다.

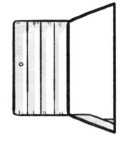

Santiago fell asleep again after the boy went out

.

소년이 그의 부탁대로 음식과 신문을
가지러 나가자 산티아고는 다시 잠이 들었다.

Santiago fell asleep again after the boy went out to get food and newspapers _____ _____ .

소년이 그의 부탁대로 음식과 신문을 가지러
나가자 산티아고는 다시 잠이 들었다.

Santiago fell asleep again after the boy went out to get food and newspapers at his request.

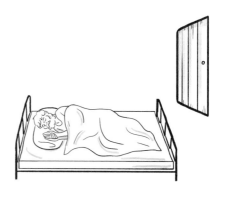

산티아고는 사자의 꿈을 꾸었다.

Santiago dreamed _____.

산티아고는 아프리카에 있는 사자의 꿈을 꾸었다.

Santiago dreamed of a lion _____.

소년이 돌아왔을 때에,
산티아고는 아프리카에 있는 사자의 꿈을 꾸었다.

Santiago dreamed of a lion in Africa,

_____ .

소년이 그것들을 가지고 돌아왔을 때에,
산티아고는 아프리카에 있는 사자의 꿈을 꾸었다.

Santiago dreamed of a lion in Africa,

when the boy came back _____.

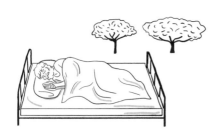

소년이 그것들을 가지고 돌아와서
그를 지켜볼 때에,
산티아고는 아프리카에 있는 사자의 꿈을 꾸었다.

Santiago dreamed of a lion in Africa,

when the boy came back with them

_____.

소년이 그것들을 가지고 돌아와서
침대 옆에 앉아 그를 지켜볼 때에,
산티아고는 아프리카에 있는 사자의 꿈을 꾸었다.

Santiago dreamed of a lion in Africa,
when the boy came back with them
and watched him _____.

소년이 그것들을 가지고 돌아와서
침대 옆에 앉아 그를 지켜볼 때에,
산티아고는 아프리카에 있는 사자의 꿈을 꾸었다.

Santiago dreamed of a lion in Africa,

when the boy came back with them

and watched him sitting by the bed.

Santiago was an old man fishing alone in a small boat in the sea of Cuba. His eyes were shining brightly with blue light although he was skinny and full of wrinkles. He was friends with a boy who had learned how to fish from him from the age of 5.

The boy loved Santiago with all his heart. He used to help him carry the luggage to his old house. "I haven't caught fish in 84 days." Santiago said, while drinking beer with the boy.

"Please take me with you like old times when we went out together and caught fish every day for three weeks. But the boy had to board the other boat that caught many fish because of his father.

Early in the morning, Santiago went to the sea with the boy after waking him up by gently touching his feet. Santiago boarded his boat alone after drinking two cups of coffee that the boy brought him instead of breakfast.

Santiago put two fish on the hook, and sank them under the water. The sea was shining under the morning sun.

"So far I have been unlucky. But who knows what's going to happen today?

I'll just do my job right." He said.

Santiago sailed slowly over the calm sea, looking at the birds flying in search of food. Then around noon, he felt something touching a fishing line with incredibly strong power with his fingers.

"It's amazing. I've never caught such a powerful fish in my life."

The fish was swimming slowly, dragging the boat. Santiago wanted to know how big it was. But since the fish were deep in the sea, he could not see it.

The fish continued to go forward, even though Santiago

tried hard to pull him to the ship. Santiago became cold as his sweaty back dried up at sunset.

Santiago recalled old memories of fishing. Once he had caught a pair of fish.

"We caught the female and killed her. Then the male jumped high into the sky in deep sorrow." It was the most beautiful fish Santiago had ever seen.

Santiago pulled the fishing line so hard without a break during the night to make the strong fish tired. Meanwhile, Santiago heard the sound of a float breaking on the back of the ship because of a new fish. He tied the fishing lines with one hand in the darkness to keep the new fish from running away.

"I wish the boy who would help me to do this hard work was with me on this ship right now!"

The ship shook by a large wave. Santiago's eyes and hands were bleeding. The fish continued to swim north. Santiago began to wear out.

Santiago looked at the second sun rising above the sea without a wink of sleep. Santiago couldn't pull the fishing line hard for fear that it would break, although the fish came near the surface of the water.

Then a small bird flew in from the north. The bird looked very weak.

"Get a good rest, bird. And go back to challenge your life again. Like all men, fish and birds." He said, giving the bird a place to sit.

Unfortunately, his left hand became unable to move as he had been holding the fishing line for too long. He ate the little fish that he caught last night without any salt to cheer up.

Then, the fish came to the surface of the water. It had a long, sharp mouth like a baseball bat.

"I'll catch the greatest fish in the sea." He spoke firmly.

"It's fortunate that we have to catch only fish, because the sun or the moon will run away forever if someone chases them."

The wind was blowing softly in the direction of Santiago pulling the fishing line.

In fact, Santiago was once called the victor. When he arm

wrestled with the strongest man in the village, he won after fighting for more than a day.

But now, he thought of himself as an old man weaker than a fish.

Santiago happened to catch a small fish to eat again, when the second night came after coming out to the sea. He cleaned the fish with only his left hand in the darkness because he had to hold the fishing line with the right hand.

It smelled disgusting as it was raw. But Santiago ate it with his eyes closed not to fall down.

Santiago decided to sleep and closed his eyes, pressing the hand with his body. But after a while, he woke up with an injury to his hand because of the fishing line slipping quickly.

When it was morning again, the fish began to revolve slowly, around the ship in a large circle. When the fish rose to the surface of the water, Santiago found it bigger than his boat.

It had incredibly beautiful purple stripes shining under the sunlight.

Santiago waited for the fish to slow down. And he pulled

the fish with all his power.

He put the sharp harpoon in the fish as it came close to his boat. The fish bounced into the sky like a bird, splashing the water.

Santiago, full of scars on his face and hands, was dizzy enough to see black spots. Santiago began to sail southwest to go home after tying the fish tightly with a rope. Unfortunately, however, an hour after the departure, a shark that smelled the blood of a fish appeared.

The shark bit the fish's tail with its sharp teeth. Santiago put a harpoon in the middle of its head. The shark died, but it ate about 20 kilograms of the fish.

"I think humans will not be defeated even if they fall, even in this difficult situation."

But then two sharks appeared to eat half of the fish as if laughing at his words.

Santiago stabbed the two sharks with a knife. The knife sank into the sea with the sharks, just as the harpoon did. Santiago dipped his bloody hands into the sea.

"Fish, I'm sorry for you."

Santiago regretted coming too far from the coast with the fish, watching the sun setting over the sea. He continued sailing in the deep darkness to go home where the boy was waiting for him.

In the middle of the night, a group of sharks attacked the fish again. The boat almost flipped over. Santiago couldn't do anything because he didn't have a weapon. Sharks ate almost all of the fish.

Santiago found the light of his hometown, floating at the end of the night sea. He sat quietly on the ship broken by sharks not thinking about anything.

It was night when Santiago reached the port. He headed home, leaving behind the bones of the fish. He fell down on the road many times under a heavy load. As soon as he arrived at the house, he fell asleep deeply.

By morning, the boy who ran to his house began to cry sadly as he sees the wounds of the whole body of Santiago. The boy ran out of the house to bring Santiago hot coffee with milk and sugar.

Fishermen gathered around Santiago's ship. They were

surprised to see the big bones of the fish.

"Look, it's 5.5 meters long!"

But the boy ran to the house without even looking at them.

Santiago saw the boy sitting beside him to take care of him, after waking up from a deep sleep. Santiago told him that he was eventually defeated, drinking coffee with a tired face.

The boy said that everyone in the village had been trying hard to find him.

"I caught four fish for three days."

"You did very well." Santiago smiled at the boy.

"I'll bring you luck, so fish with me." The boy said to Santiago.

"I hope that you get healthy soon because you still have to teach me how to fish."

Santiago fell asleep again after the boy went out to get food and newspapers at his request. Santiago dreamed of a lion in Africa, when the boy came back with them and watched him sitting by the bed.